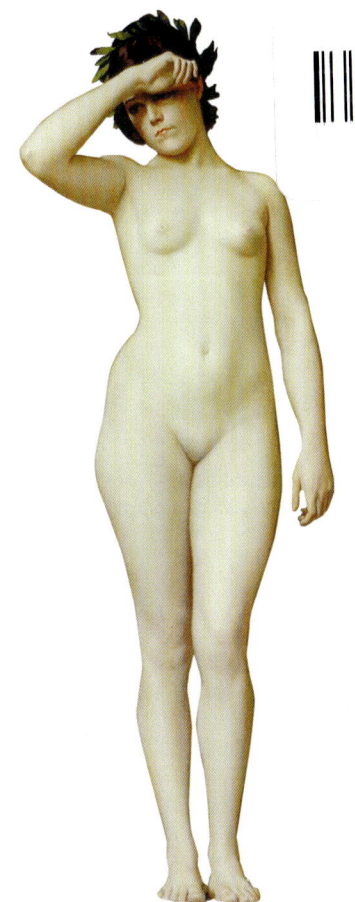

AF174964

ESCLAVAS
Y LIBERTAS

PEDRO LÓPEZ BARJA DE QUIROGA

© Pedro López Barja de Quiroga
© De la presente edición, Prensas de la Universidad de Zaragoza
   (Vicerrectorado de Cultura y Proyección Social)
   1.ª edición, 2024

Este Cuaderno ha sido financiado por la Red Libera Res Publica (RED2022-134584-T, Agencia Estatal de Investigación, Ministerio de Ciencia e Innovación, Gobierno de España).

Imagen de cubierta: Jean-Léon Gérôme, *Mercado de esclavos* (1867) - Hermitage Torrent(.torrent with info-hash), Dominio público, <https://commons.wikimedia.org/ w/index.php?curid=296018>

Cuadernos *Libera Res Publica*. Las Mujeres en la República Romana, 1

Directores de los Cuadernos *Libera Res Publica:*
Cristina Rosillo-López
Francisco Pina Polo
Elena Torregaray Pagola

Prensas de la Universidad de Zaragoza. Edificio de Ciencias Geológicas, c/ Pedro Cerbuna, 12 50009 Zaragoza, España. Tel.: 976 761 330 puz@unizar.es • http://puz.unizar.es

Editorial Universidad de Sevilla, c/ Porvenir, 27, 41013 Sevilla, España. Tel.: 954 487 447 • eus4@us.es • https://editorial.us.es

ISBN 978-84-1340-865-1
Impreso en España
Imprime: Servicio de Publicaciones. Universidad de Zaragoza
Depósito legal: Z 2087-2024

Esclavos los había por todas partes: en Roma, en las ciudades y campos de Italia y, en menor medida, en las provincias de un imperio mediterráneo conquistado en una larga serie de prolongadas y agotadoras guerras. Con las victorias venían los cautivos, vendidos inmediatamente en pública subasta a mercaderes que los distribuían luego por las distintas plazas, puertos y mercados, a donde acudían los interesados para comprar los que necesitasen. Tras su modesta victoria sobre una pequeña ciudad de Cilicia, Cicerón contempla con cierta satisfacción los ciento veinte mil sestercios que hay sobre la plataforma; no necesita decir más, no desde luego que se trata de hombres, mujeres y niños, porque el destinatario de la carta, su amigo Ático, sabe que se refiere al valor total de los esclavos ofrecidos al mayor postor (*Cartas a Ático*, 5.20.5). La suma de dinero, bastante considerable, fue a parar directamente al tesoro público. Otros personajes de aquellos tiempos convulsos reunieron fortunas mucho mayores vendiendo seres humanos. César puso tantos cautivos galos en Roma que el precio de los esclavos se desplomó abruptamente. No tenemos datos fiables en cuanto al número, si bien algunas fuentes afirman que durante los diez años que duró su guerra en las Galias, dio muerte a un millón de galos y a otro millón los hizo esclavos, pero parece una cifra algo exagerada. Incluso cuando de la conquista de un territorio no cabía esperar grandes riquezas, siempre había personas con las que enriquecerse, como en la expedición de César a Britania, donde, según se comentaba en Roma, no podía esperarse que encontrara ninguna clase de botín, salvo precisamente esclavos (Cicerón, *Cartas a Ático*, 5.16.7). De estos brutales y excepcionales episodios, pero también de innumerables pequeñas campañas, como la de Cicerón en Cilicia, más constantes en el tiempo, aunque menos espectaculares, se abastecían los compradores. El escritor griego Estrabón (*Geografía*, 14.5.2) nos dice que, en el mercado de la isla de Delos, en el mar Egeo, podían venderse hasta diez mil esclavos en un solo día y que tal abundancia había estimulado la piratería haciéndola muy peligrosa. De este modo explicaba Estrabón a sus lectores que, en el último siglo de la República, los piratas infestasen las costas del Imperio, llegando incluso a atacar Ostia, el puerto de Roma, en busca de toda clase de botín, en el que se incluían los prisioneros, al punto esclavizados. Nadie estaba a salvo, pues hasta el mismo César, en su juventud, había caído en manos de unos piratas, durante una travesía al sur de Mileto, aunque, dado su linaje patricio, no lo vendieron, sino que pidieron un rescate por él. Muchas historias, ficticias o reales, se contaban de niños o jóvenes capturados y vendidos lejos de su hogar, alguno de los cuales era milagrosamente reconocido luego por algún viajero que lo rescataba de su triste destino y lo llevaba de vuelta a casa para asombro de todos y fascinación del lector. Cualquiera podía caer víctima de su codicia, prueba irrefutable del dominio que Fortuna ejerce sobre todas las personas. Otros, en cambio, ya nacían como esclavos. Para ellos era más fácil acostumbrarse a su penosa vida, porque no habían conocido otra.

El nacimiento y la captura, o bien por los piratas o bandidos, o bien en la guerra, a lo que se sumaban los niños abandonados al poco de nacer y acogidos luego: estas eran las principales fuentes de esclavitud en el Imperio romano, aunque su peso numérico variaba mucho, con absoluto predominio de la reproducción natural sobre las restantes formas. ¿Cuántos de estos esclavos así mencionados por nuestras fuentes con un masculino genérico eran esclavas? La práctica de ejecutar a hombres vencidos, pero esclavizar a todas las mujeres y a los niños (como sucedió, por ejemplo, tras el saqueo de Corinto en el 146 a.C.) nos haría sospechar que, en realidad, estas últimas predominarían en las casas y campos de Italia, aunque el consenso entre los historiadores, como veremos más adelante, se haya inclinado hasta hace poco por la opción contraria, es decir, un número relativamente bajo de mujeres en una población esclava formada mayoritariamente por varones. No podremos dar, por lo tanto, sino estimaciones muy aproximadas y frágiles. En el mejor de los casos, nos encontraremos con mujeres anónimas, escondidas en el cálamo de algunos autores antiguos que ni reparan en ellas, o nombres escuetos grabados en las lápidas funerarias, demasiado parcas en sus fórmulas estereotipadas. Hay algunas excepciones, si bien muy pocas, a esta ley del silencio. Empezaremos por una de ellas, contando la historia de la mujer tal vez la más famosa entre todas las esclavas y libertas de la Roma republicana.

1.
Ciudadanas romanas

Érase una vez un joven de espíritu noble, llamado Publio Ebucio, huérfano de un caballero (*eques*) romano, que tuvo la mala fortuna de tener como tutor a su padrastro. Este, en complicidad con la madre del joven, buscaba librarse del muchacho, implicándolo en algo turbio, para así no tener que rendir cuentas del patrimonio malgastado. Mantenía nuestro Publio una íntima amistad con la protagonista del relato, Fecenia Hispala, bien conocida en el Aventino, el barrio más popular de Roma, porque allí había ejercido durante años la prostitución siendo esclava y continuado en el mismo oficio tras su libertad (texto 1). Su patrono había muerto sin hijos y ella era ahora dueña de su destino, sin obligación alguna hacia nadie. Podríamos decir que, hasta cierto punto, su pasado en esclavitud había quedado atrás, aunque seguramente no faltaría quien se lo recordase alguna vez. Lo cierto es que la relación entre ambos, Fecenia y Ebucio, era tan honesta que era ella quien costeaba las necesidades del joven, debido a la avaricia tanto de su tutor como de su madre, y lo había designado como único heredero en su testamento. Ambos habían jurado no guardarse ningún secreto el uno al otro, de manera que Ebucio, cuando le dijo que se ausentaría de su lado algunas noches, se vio forzado a explicarle el motivo: su madre quería iniciarle en unos sagrados ritos, que se habían importado desde Etruria y se habían vuelto muy populares en los últimos años, para lo que se requerían diez noches de castidad. Fecenia Hispala se horrorizó al oírlo porque conocía bien estos sagrados misterios de las Bacanales, a los que años atrás había asistido, obligada por su dueña. Comprendió cuál era el propósito de la madre y entendió la razón oculta del padrastro de Ebucio. Ella sabía que en esos secretos misterios algunos muchachos eran entregados a los sacerdotes como víctimas indefensas de toda clase de abusos sexuales. Debido al ruido atronador de los címbalos y tamboriles, nadie escuchaba sus súplicas ni sus gritos de auxilio. Querían

TEXTO 1. FECENIA HISPALA
(Tito Livio, *Historia de Roma desde su fundación*, 39.9)

«La noble prostituta y liberta, Hispala Fecenia, indigna de tal oficio al que se había acostumbrado siendo una esclavita, siguió ejerciéndolo tras la manumisión. Entró en relaciones con Ebucio porque vivía cerca de él, lo cual apenas le perjudicaba al joven ni en su fama ni en su hacienda, sino que él era amado y querido y se mantenía gracias a la generosidad de la meretriz. Hasta tal punto llegó esta relación que ella, una vez muerto su patrono, dado que ya no estaba bajo la potestad de nadie, solicitó de los tribunos y el pretor que se le nombrase un tutor e hizo testamento nombrando a Ebucio como único heredero».

convertir al joven en víctima y cómplice de tales atrocidades. Se niega entonces Ebucio, adolescente apenas, a obedecer, rechaza someterse a los ritos iniciáticos y su padrastro lo echa de casa. No le queda otro remedio que buscar refugio con su tía y contarle lo sucedido. Esta alerta al cónsul, quien llama a la propia Hispala a su presencia. Aterrorizada ante la pompa del cónsul, formada por los lictores y otros servidores, la liberta al principio apenas puede hablar, pero se sobrepone y relata pormenorizadamente los secretos del rito nefando (fig. 1). Cuenta entonces que inicialmente estos ritos eran exclusivamente femeninos y diurnos, pero desde hacía algunos años habían pasado a nocturnos y se admitía también la participación de los varones. En ellos se cometía toda clase de promiscuidades y de crímenes, se falsificaban testamentos y se mancillaba la castidad de jóvenes de ilustres familias. El cónsul le proporciona a Hispala un refugio seguro en un primer piso al que se le ha cancelado la escalera exterior, de modo que solo se pueda acceder desde el interior. Allí se traslada junto con sus esclavos, porque Hispala, pese a sus humildes orígenes, había prosperado moderadamente, como sabemos, e incluso había hecho tes-

Fig. 1. Cesare Maccari, *La Iberta Fecenia Hispala denuncia la asociación de las Bacanales,* actualmente en la Corte Suprema di Cassazione, Roma. Imagen de dominio público, en https://commons.wikimedia.org/w/index.php?curid=90862718.

tamento. Teniendo ya toda la información en su mano, el cónsul pudo convocar al Senado para adoptar medidas punitivas contra estos ritos báquicos y apresar a sus cabecillas. Escribió cartas a diversos lugares de Italia, comunicándoles los decretos del Senado, y una de ellas, transcrita en bronce, ha llegado hasta nosotros; por ella sabemos que el Senado prohibió que asistiesen a los ritos más de cinco personas en total y nunca más de tres hombres o dos mujeres (fig. 2). Una vez aplastada la amenaza —eran más de siete mil los conjurados—, la recompensa que obtuvo Hispala estuvo acorde a sus méritos, pues recibió cien mil ases (una cantidad exorbitante de dinero) y, por indicación del Senado, el pueblo aprobó una ley que le permitía elegir tutor y declaraba que, si se casaba con un hombre de nacimiento libre, este no debía sufrir ningún daño en su respetabilidad. Ignoramos quién fue el elegido, aunque casi con total certeza no el propio Ebucio, quien recibió idéntica cantidad de dinero como recompensa, sino algún otro.

No sabemos qué hay de cierto y qué de novelesco en este encantador cuento popular que nos ha transmitido Livio (*Historia de Roma desde su fundación,* 39.8-19) en su puntual relato del año

Fig. 2. Senadoconsulto sobre las Bacanales. Kunsthistorisches Museum, Viena. Dominio público, a través de © Wikimedia Common.

186 a. C. Sí sabemos, con todo, que la tradición quiso que fuese una liberta y prostituta, precisamente ella, quien prestase servicios tan señalados a Roma, alertando del peligro de una conjura de extensas raíces. Aunque muchos habían caído en las redes báquicas, ella, tan pronto fue libre y pudo decidir por sí misma, se mantuvo alejada de tan extranjeros ritos, por sentido moral, no queriendo tomar parte en esta conspiración. No fue la única en su rectitud, aunque sí la más famosa. Livio quiere marcar aquí los inicios de la decadencia moral de la República, debido a la llegada a Roma del lujo y los cultos orientales, pero también poner de relieve qué medidas se tomaron para frenarlos y quiénes fueron los primeros en dar la voz de alarma. Resultaba confortador comprobar hasta qué punto algunos esclavos o libertos, pese a sus indignos orígenes, habían sido

capaces de identificarse con Roma, de asimilar sus valores morales y hacerlos suyos, convirtiéndose ellos mismos en una protección y no en una amenaza, en miembros respetables de la sociedad y no en peligrosos rebeldes o inquietantes marginados. De modo implícito, Livio estaba defendiendo, con este enternecedor relato sobre una pareja de enamorados, la ley romana que concedía la ciudadanía a los esclavos manumitidos, algo tan sorprendente y único en el mundo antiguo que había sido objeto de numerosos debates y comentarios. Otro historiador, contemporáneo de Livio, el griego Dionisio de Halicarnaso, consideró necesario hacer una extensa digresión en su relato sobre el reinado de Servio Tulio, el sexto rey de Roma (siglo VI a. C.), para justificar su decisión de otorgar la ciudadanía a los libertos (*Historia antigua de Roma*, 4.22-24).

Se puede hablar incluso de hiperrromanidad, visible en algunas lápidas funerarias en las que antiguos esclavos se enorgullecen de su condición de ciudadanos romanos, exhibiendo algunos de sus atributos, como la toga en el caso de los varones, la estola en el de las mujeres o la bula o amuleto al cuello en el de los niños ya nacidos en libertad (fig. 3). Dos bustos (hoy en los Museos Vaticanos), de finales del siglo I a. C., tenían tal severidad en sus rostros y ademanes, resultaban, en suma, tan «romanos», que durante algún tiempo fueron interpretados como una representación de Catón y Porcia (fig. 4). Originalmente formando un altorrelieve, situados en la puerta de la tumba, fueron retocados en época moderna, de modo que la inscripción con sus nombres se ha perdido. Por fortuna, nos los ha conservado el *Codex Barberinianus* (*Vat. Barb., Lat.* 2016): no se trata de orgullosos miembros de la aristocracia romana, no son ni Porcia ni Catón, sino que él fue, con toda probabilidad, liberto (*Marcus Gratidius Libanus*) y ella, sin duda, liberta, pues lo indica en su nombre, *Gratidia M.l. Chrite*, es decir, Gratidia Crite, liberta de Marco, lo que sugiere que tal vez su patrono fuera su propio esposo o bien un tercero común a ambos, pues así lo revela el hecho de que compartiesen el *nomen Gratidius*. Las esclavas tenían un nombre único, que habría sido Crite en este caso, al que anteponían el de su manumisor cuando se convertían en libres y ciudadanas. Tenemos otros ejemplos, si bien menos sorprendentes, de parejas similares que también dejaron constancia orgullosa en piedra de

Fig. 3. Inscripción funeraria del liberto Lucio Ampudio Filomuso (EDCS-17201277), procedente de Roma, actualmente en el Museo Británico. Cronología: 30 a.C. – 30 d.C. © Pedro López Barja. A su lado figuran quienes deben de ser su mujer —liberta también seguramente— y su hija, cuyos nombres no se han conservado.

haber vivido conforme a valores romanos tradicionales. En una inscripción procedente de Roma, conservada hoy en el Museo Británico, la protagonista es Aurelia Filematio, quien, siendo niña, con apenas siete años, fue liberada por su conliberto, Lucio Aurelio Hermia, carnicero en la colina Viminal (fig. 5). Seguramente no muchos años después, se casó con él. Filematio murió a los cuarenta años, devota de su esposo hasta el último día, alejada del vulgo, podemos pensar que recluida. Cabe suponer también, por la fecha de la lápida (hacia el 70-50 a.C.), que pudo escuchar alguno de los discursos de Cicerón o recordar con horror la entrada de Sila en Roma. La lápida que le dedicó su desconsolado esposo pone mucho énfasis en sus virtudes, que son su castidad y su lealtad al marido, es decir, las principales de la matrona romana según la tradición: una pareja conyugal ejemplar.

Una parte importante de esa integración pasaba por tomar parte en los ritos y adorar a los dioses de los romanos. El culto a la Bona Dea se asociaba a la salud y fertilidad femeninas, y en sus templos se preparaban y vendían fármacos y ungüentos específicos. Presentaba una variante aristocrática, bien conocida, junto

Fig. 4. Los denominados «Catón y Porcia». Museo Pio Clementino (Museos Vaticanos). Fines siglo I a. C.

con otra de carácter más popular. En cuanto a la primera, el día de su fiesta, celebrada en casa de un magistrado, no podían asistir varones, sino solo ilustres matronas romanas y sus esclavas. Pertenecía al ámbito de lo femenino, lo que excluía a los animales machos e incluso a las estatuillas que los representasen a ellos o bien a varones, las cuales se cubrían púdicamente con una tela durante las ceremonias para no resultar visibles. Fue precisamente una esclava la que descubrió la presencia de un intruso disfrazado de mujer —Publio Clodio— alertando a todos, lo que originó un considerable escándalo que desembocó en un famoso juicio en el año 61 a. C. Además de este culto aristocrático, a través de inscripciones de diversas ciudades de Italia, conocemos otro más popular, protagonizado sobre todo por libertas. No fue Bona Dea la única divinidad que eligieron las esclavas como destinataria de sus devociones. En Minturno, dos libertas, una mujer nacida ya libre y dos esclavas hicieron una ofrenda a Venus; se refirieron a sí mismas como «magistras del culto», lo que significa que, de alguna manera, lo presidían (*CIL* I² 2685, aunque la lectura es incierta).

Ni Fecenia Hispala ni Aurelia Filematio hablan por sí mismas para nosotros. De la primera es Livio quien nos da cuenta y de

Fig. 5. Inscripción de Aurelio Hermia y su mujer, Aurelia Filematio (EDCS-19200211). Procedente de Roma, hoy en el Museo Británico. Cronología: 100-50 a.C. © Pedro López Barja.

la segunda, su apenado marido, con un latín algo torpe y descuidado, plagado de tópicos. Seguramente Hispala acabó por casarse con alguien de su mismo medio social, tal vez un liberto, pese al privilegio que le concedió el Senado, de modo parecido a como lo hizo Filematio. Estas parejas de libertos son muy comunes y en sus lápidas dejan constancia, como acabamos de ver, de su estricta moralidad y de su apego a las tradiciones, empezando por el sagrado deber de casarse y dar hijos a Roma. Una representación habitual en las lápidas funerarias presenta a ambos esposos uniendo sus manos derechas, la de él con la de ella (*dextrarum iunctio*), tal como lo hacen M. Gratidio Libano y Gratidia Crite. Se trata de un signo de amor conyugal, pero que aparece sobre todo en tumbas de libertos, manifestación visible de la plena conformidad de estos antiguos esclavos con las normas de la sociedad en la que vivían, precisamente porque su matrimonio, gracias a la libertad obtenida, era ya plenamente legítimo, a diferencia de los lazos creados en esclavitud, que la ley romana no reconocía (fig. 6). Formar un matrimonio y tener hijos romanos era lo que se esperaba de estos antiguos esclavos que con tanto esfuerzo y tras muchas privaciones se habían ganado la libertad.

Fig. 6. Lápida funeraria del liberto Lucio Vetio Alejandro, Vetia Pola, de nacimiento libre, y las libertas Vetia Eleutéride y Vetia Hospita (EDCS-08900144), procedente de Aguzzano, actualmente en el museo de las Termas de Diocleciano (Roma). Cronología: c. 27 a. C. – 14 d. C. © Pedro López Barja.

La esclavitud supone un proceso de aculturación forzosa. Nacidas, compradas o capturadas, las esclavas tienen que aprender la lengua, los usos, los prejuicios y las prohibiciones de la ciudad en la que les ha tocado en suerte vivir. Algunas mostrarán orgullosas, al final de su vida, con cuánto entusiasmo han aprendido a ser romanas. No resulta fácil saber hasta qué punto eran esos sus verdaderos pensamientos, si eran sinceros o más bien se trata de palabras y frases falsas que se les atribuyeron. No tenemos, conviene insistir en ello, la versión de Hispala, Filematio o Crite. Otras esclavas, como veremos más adelante, desafiarán la norma y se alzarán contra ella, de maneras diferentes que van desde la huida a la rebelión abierta.

2.
Oficios y trabajos
en el campo y en la ciudad

La mayor parte de los esclavos vivía en el campo, pero estos aparecen poco en las fuentes que tenemos, singularmente en la epigrafía, mucho menos que quienes vivían en la ciudad, ya de por sí escasamente visibles. Si nos referimos, en concreto, a las esclavas, el problema de la falta de información se vuelve aún más agudo. Con todo, hasta hace unos pocos años, el consenso entre los historiadores había permitido trazar una evolución nítida del sistema esclavista durante la República en sus grandes líneas. A principios del siglo II a. C., cuando los temibles ritos de las Bacanales se extendían por Italia, Roma era dueña de un imperio, señora de Italia, vencedora de Cartago, con Sicilia y las dos Hispanias como provincias a las que enviaba gobernadores cada año. La expansión reportaba incontables beneficios, entre ellos, un flujo continuo, aunque oscilante, de nuevos esclavos. Una vez que, a finales del siglo I a. C., la expansión militar de Roma se ralentiza, la aportación de nuevos cautivos de guerra cae de modo progresivo. Menos territorios conquistados supone un menor número de prisioneros que vender en pública subasta. Al mismo tiempo, tras las dos aterradoras rebeliones de esclavos en Sicilia y la de Espartaco en la propia Italia, sobre las que volveremos más adelante, los romanos comprendieron la urgencia de un adecuado control sobre la población servil, que no podía fundarse exclusivamente en la violencia y la intimidación. Por ambas razones, se hizo notoria la necesidad de promover la vida familiar entre los esclavos, la creación de relaciones más o menos estables entre ellos, buscando obtener de ese modo más hijos y más obediencia. El cambio se percibe o se intuye, según afirmaba hasta hace pocos años el consenso historiográfico, en las guías o prontuarios de gestión de una hacienda rústica que han llegado a nosotros, esto es, los tratados *Sobre la agricultura*.

El que escribió Marco Porcio Catón a principios del siglo II a. C. no menciona esclavas, no hay mujeres en su hacienda, solo esclavos varones, pero años más tarde, en tiempos de Julio César, Marco Terencio Varrón, sí se acuerda de ellas en su tratado. Recomienda que se favorezca la creación de familias entre los esclavos porque con esto se los vincula al fundo, es decir, se reduce el número de huidos (Varrón, *Sobre la agricultura*, 1.17.5 y 2.1.26). Se permite incluso una recomendación muy concreta que merece ser citada literalmente por el tono brutal y despegado con el que escribe, y por el reconocimiento que hace del trabajo físico de las esclavas en la granja agrícola (texto 2).

Catón nombra solo a una mujer, la mayorala o supervisora (en latín: *vilica*), encargada de la cocina y la despensa, pero la cuestión de la reproducción no parece preocuparle en absoluto ni parece tampoco pensar que pudiera haber mujeres trabajando en las labores agrícolas. Con Varrón aparece la familia esclava y algo después, con Columela, en tiempos del emperador Augusto, su importancia se acrecienta. Nuestro autor quiere incentivar el nacimiento de nuevos esclavos recompensando a las madres: a la esclava con tres hijos la dispensa del trabajo, a la que tiene cuatro le otorga la libertad (Columela, *Sobre la agricultura*, 1.8.19).

Esta evolución cronológica debe mucho, o más bien, todo, a hipótesis sobre la evolución del sistema esclavista hoy ya desfasadas. La contraposición entre esclavos nacidos y comprados no implica un dilema, porque ambos fueron importantes en la Roma republicana. No podemos medir con mínima precisión la tasa de incremento de la población esclava, pero está claro que fue elevadísima, pasando, según algunas estimaciones, de unos 150000 hacia el año 200 a. C. al entorno de un millón en el cambio de era. Semejante crecimiento tuvo que apoyarse a la vez en el nacimiento de nuevos esclavos y en su importación como cautivos. En realidad, la imagen de un tiempo en que esclavos varones célibes poblaban los campos de Italia no parece ser sino un mito. Dicho de otra forma, las esclavas siempre estuvieron allí, incluso en el manual de Catón, aunque no las mencione de modo explícito. La cuestión, entonces, es determinar qué tipo de trabajo hacían, qué tareas se les encomendaban, aparte de la crianza de los hijos: ¿úni-

TEXTO 2. ESCLAVAS Y PASTORES
(Varrón, *Sobre la agricultura*, 2.10.6)

«En lo relativo a las crías humanas de los pastores que están de un modo permanente en la finca, es algo sencillo puesto que allí tienen a una esclava y esta Venus pastoril no busca nada más lejos. Pero para quienes viven en los bosques o descampados y no se refugian en una casa de campo sino en cabañas frágiles, muchos consideran útil llevarles mujeres que acompañen a los rebaños y preparen alimento a los pastores, para que de ese modo se acostumbren al lugar. Pero esas mujeres han de ser fuertes y no torpes, de las que, en muchas regiones, no ceden en el trabajo a los hombres, como podemos ver que sucede en el Ilírico, puesto que pueden llevar a pastar el ganado o bien acarrear leña para el fuego y cocinar el alimento o bien ocuparse del mantenimiento de la casa».

camente la elaboración de comida y la fabricación de la ropa, o también participaban en el trabajo del campo? Entre los esclavos que suelen trabajar en una *villa*, es decir, en lo que es una suma de lujosa casa de campo y granja agrícola (pensemos en la espléndida Tara, la plantación de *Lo que el viento se llevó*, cfr. fig. 7), el jurista Trebacio Testa, en tiempos de Julio César, menciona a las esclavas que hacen el pan o sirven en la casa, a la que cuida del fuego, a las que trabajan la lana, las que fabrican los vestidos de los esclavos, y las cocineras (*Digesto*, 33.7.12.5). No tenemos ninguna razón para pensar que la lista fuese o pretendiese ser exhaustiva.

La cuestión de la proporción por sexos entre los esclavos se presenta espinosa y difícil de resolver. ¿Cabe suponer, si hacemos caso del tópico, que entre los prisioneros de guerra habría más mujeres que hombres? Probablemente, no. Dado que ejecutar a los varones suponía un considerable despilfarro económico, debemos pensar que esto ocurriría pocas veces. ¿Cuál sería la

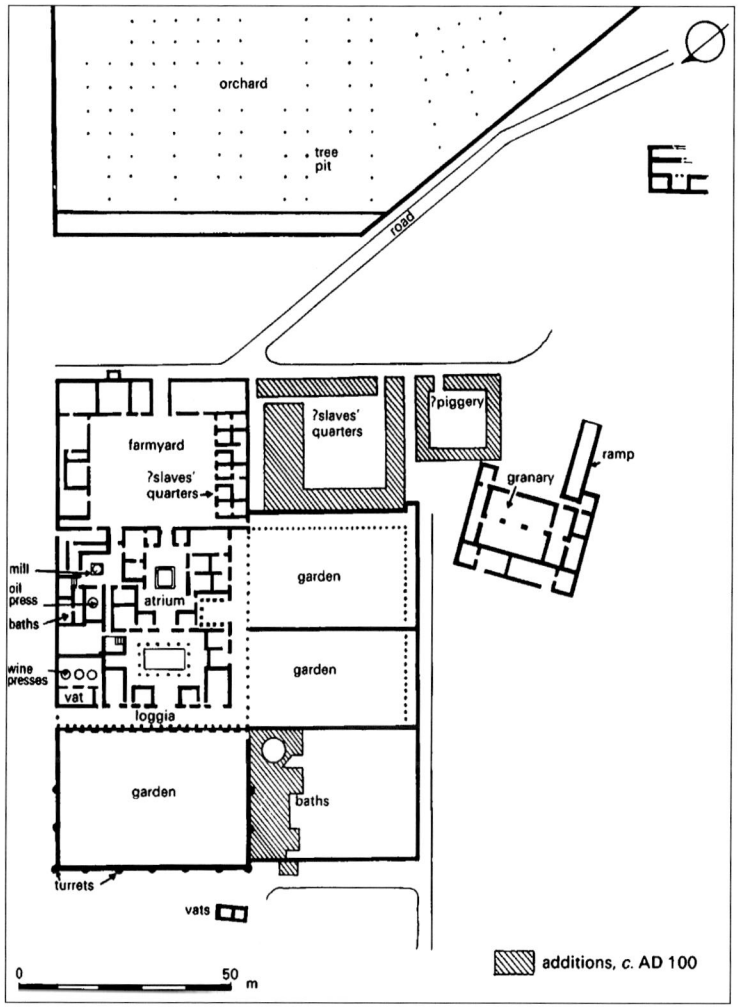

Fig. 7. Plano de la villa de Settefinestre (Toscana) desde 40 a.C. hasta c. 170 d.C. Dedicada al cultivo de vid y fabricación de vino conforme a las recomendaciones de Varrón. © Creative Commons (Wikipedia).

proporción en las restantes formas de obtener esclavos? El escritor de comedias Terencio, en un pasaje de una de sus comedias (*El enemigo de sí mismo*, 626), se refiere a una situación que podría ser habitual: el marido ordena a la mujer embarazada que, si da luz a una niña (*puella*), no la críe, sino que la abandone. Ciertamente, cabe decir de Terencio lo mismo que de Plauto, en cuanto a su dependencia de modelos y tramas griegos, incluso con mayor razón en su caso, pero los papiros egipcios nos han conservado algunos testimonios directos en los que el padre ordena a su mujer que, si la criatura es niña, la abandone. La exposición de recién nacidos era algo habitual, debido a condiciones extremas de pobreza o a otras razones; muchos probablemente morían, pero algunos eran recogidos y criados. Incluso si la eficacia de los rudimentarios métodos anticonceptivos de entonces era más elevada de lo que cabría pensar, los estudios sobre esta cuestión se han centrado en la élite, por lo que no sabemos hasta qué punto el resto de la sociedad estaba en condiciones de regular el tamaño de sus familias, prolongando la lactancia materna, por ejemplo. Ya fuera algo frecuente o no, a estos «expósitos» se les designaba en latín como *alumni,* del verbo *alere,* «alimentar», y su situación jurídica era algo ambigua. A menudo crecían como esclavos y eran considerados como tales, aunque en estricto derecho, si una vez adultos podían demostrar que habían nacido libres (porque su madre lo fuese cuando ellos nacieron), recobraban la libertad, aunque debían compensar a sus «padres adoptivos» por el dinero gastado en su crianza. Hay algunas referencias a marcas u objetos dejados con el recién nacido al abandonarlo como pruebas que pudieran servir para identificarlo más tarde. En un diccionario del siglo II d. C. (*Sobre el significado de las palabras,* de Festo) se hace referencia a una *Columna lactaria,* situándola en el *forum Holitorium,* en Roma, e indicando que hasta allí llevaban a los niños para que los amamantasen. No contamos con otras fuentes que la mencionen, por lo que puede tratarse de una mala interpretación, a partir del propio nombre de la columna, para la que tampoco tenemos una cronología, aunque parece antigua. Podemos pensar que era llamada así porque era el lugar donde acudir para encontrar nodrizas y contratarlas. También cabe imaginar que era en esa columna donde donde solía abandonarse a los recién nacidos porque los padres sabían que allí tenían alguna probabilidad de sobrevivir. Sea como fuere, es probable que la exposición de recién nacidos desembocase en un mayor número de niñas que de niños, criadas luego como esclavas o como *alumnae,* en una condición muy semejante en ambos casos.

Fig. 8 Fotografía del *Columbarium* n.º 2 en Vigna Codini por Lodovico Tuminello (1824-1907). Dominio público.

También había esclavas en la ciudad, trabajando en oficios muy diversos, a menudo en las casas de los poderosos. Tenemos alguna información precisa gracias a los llamados *columbaria*, es decir, conjuntos de nichos situados bajo tierra o semienterrados donde se contenían las urnas con las cenizas de los empleados domésticos de algún aristócrata. Pertenecen a un momento cronológico concreto, entre finales de la República y mediados del siglo I d. C., y muchas de ellas van acompañadas de una inscripción con el nombre del fallecido y, a veces, también su oficio (fig. 8). Por estas inscripciones sabemos que la mayor parte de los sirvientes que trabajaban en las grandes casas eran varones. Las mujeres, a su vez, en muy raras ocasiones dejan constancia de su profesión, de su cometido concreto. Las más habituales son peluqueras (figs. 9 y 10), comadronas o nodrizas, pero también hay algunas dedicadas a tareas muy específicas, como la esclava que custodiaba los espejos o la guardiana de las perlas. Es probable que el tener asignado un cometido concreto quedase reservado a unos pocos, lo que apunta a la existencia de un sistema jerárquico entre los domésticos, en el que los puestos elevados los ocupaban mayoritariamente varones.

Fig. 9. Lápida de Gnome, esclava peluquera de Pieris (EDCS-19400416). Museo Nazionale Romano. Cronología: 2 a.C.

Fig. 10 Relieve funerario, Rheinisches Landesmuseum, Trier, principios s.III d.C.

El hecho de que dejasen constancia de su ocupación en sus lápidas funerarias es una muestra de orgullo que puede responder también a las implicaciones que este título suponía.

Las esclavas ejercían algunos trabajos considerados, por una u otra razón, propios de mujeres. Así, aunque la mayor parte de las comadronas (*obstetrices*) eran libres, también las había esclavas (fig. 11). En cuanto a las nodrizas, sabemos que, en algunos círculos, se veía con malos ojos que fuesen esclavas porque corrompían el espíritu del infante infundiéndole un «espíritu servil»; esta práctica, probablemente habitual en las grandes casas, se consideraba un signo más de la corrupción moral por cuanto en los orígenes, afirmaban, eran mujeres libres quienes amamantaban a los recién nacidos. La mujer de Catón el Viejo, Licinia, amamantaba ella mis-

Fig. 11. Relieve de Isola
Sacra, Ostia (copia).
© Pedro López Barja.

ma a sus hijos (e incluso a los de sus esclavas), pero esto era probablemente algo excepcional y extravagante y, por ello, digno de mención. El médico griego Sorano de Éfeso, en su tratado de ginecología (2.19.99-100), recomienda que la nodriza sea griega para que el lactante se acostumbre al sonido de «la más bella de las lenguas». Todo indica que el recurso a las nodrizas estaba muy extendido entre las clases altas de Roma, debido tal vez al deseo de las mujeres de elevada cuna de no interrumpir sus actividades sociales ni su vida pública o por diversos motivos sociales y personales. Sin embargo, aunque tal vez en menor medida, se utilizaban también entre personas menos encumbradas. Podemos descender un escalón social y llegar a clases más populares gracias a los contratos de nodrizas que conocemos, procedentes de Egipto y conservados en papiro. Son muy minuciosos en cuanto a las condiciones que se establecían, al modo y plazos de los pagos o a la obligada abstención sexual de la nodriza, quien debía asimismo alimentarse adecuadamente y mantenerse con buena salud en general.

Fecenia Hispala ejerció la prostitución, primero como esclava y luego como mujer libre. En sí misma, la prostitución no era ilegal ni siquiera inmoral. Se consideraba, claro está, infamante ejercerla y ciertamente poco romano el frecuentarlas en exceso. Aparecen a veces en los mimos, esas obritas obscenas que eran las favoritas del público a finales de la República, pero en ellos se las describe con una imagen muy negativa en general: son tramposas, avaras, maliciosas. De Catón el Viejo se cuenta que, viendo salir de un lupanar a un joven que conocía, lo saludó con normalidad e incluso lo felicitó, porque así no molestaría a las esposas de los demás (Horacio, *Sátiras*, 2.32-36 con fig. 12).

Tenemos una información relativamente abundante sobre las condiciones en las que vivían y trabajaban estas mujeres (y algunos hombres) gracias al autor de comedias Plauto (254-184 a. C.), pero esto, que es una bendición indudable, plantea también graves problemas al historiador. De él nos han llegado veinte obras, que constituyen una fuente inapreciable, si bien problemática, para conocer la sociedad romana inmediatamente posterior a la Segunda Guerra Púnica. Una comedia, por definición, exagera hasta la caricatura, distorsiona la realidad. Sin duda, para mover a risa es necesario que haya elementos reconocibles, fragmentos de la vida cotidiana que el espectador reconozca con facilidad, pero este último, a diferencia de nosotros, sí podía saber qué escenas eran auténticas y cuáles fingidas, dónde terminaba lo real y dónde comenzaba la fantasía. Carecemos de una herramienta fiable con la que, entre burlas y veras, separar el grano de la paja. Para mayor desesperación, las tramas de Plauto suelen inspirarse en comedias griegas hoy perdidas. ¿Hasta qué punto lo que podemos leer se corresponde con la Roma de su tiempo y no con la Grecia que había inspirado la obra original? ¿Podemos suponer que Plauto adaptaba las comedias que utilizaba a las condiciones y a las costumbres de su propio tiempo y lugar? Son preguntas que el historiador debe tener presentes, aunque no sea posible obtener una respuesta. Lo que encontramos al leer las comedias plautinas es el recurso continuo a la violencia física y a la amenaza, que pende constantemente sobre el esclavo, incluida la crucifixión, una forma de ejecución típicamente romana que no puede proceder del original griego. Al mismo tiempo, disfrutamos con las mil artimañas que el esclavo urde o inventa para rehuir el castigo. Las enrevesadas tramas responden a modelos más o menos fijos como el siguiente (fig. 13): un hijo de familia quiere conseguir algo de dinero para algún vicio no confesable (como, por ejemplo, contratar a una prostituta), engañando a su padre, retratado en la obra como, al tiempo, severo y el colmo de la estupidez. Para ello recurre a la ayuda de un esclavo, un personaje definido por los autores modernos como *servus callidus,* el esclavo que obtiene lo que quiere

Fig. 12. Lupanar de Pompeya. © Pedro López Barja.

porque es más listo que su amo, es decir, un *trickster*, el tramposo simpático presente en diversas mitologías, pero también en la literatura, desde los bufones medievales hasta la figura del «pillo» o el pícaro. La mayor parte de las veces, aunque no siempre, el engaño sale bien y los burladores obtienen lo que desean.

En *Pséudolo*, una de las comedias plautinas más célebres, estrenada en el 191 a.C., algunos de los personajes son prostitutas refinadas y caras, que sufren los abusos y las amenazas de Balión, el proxeneta que vive a su costa. Para celebrar su cumpleaños, Balión les exige a algunas de ellas que obtengan de sus clientes pan, carne y aceite de oliva en abundancia, amenazándolas de modo terrible si no lo hiciesen: a unas con el descuartizamiento y a otras con ponerles una cama pública, pero no para que duerman sino para que trabajen hasta que ya no puedan con más… «ya sabes a qué me refiero», insinúa el proxeneta, refiriéndose a los cuartuchos con acceso directo desde la propia calle que había en Roma y otras ciudades. Balión distingue a las holgazanas de las trabajadoras y de estas últimas dice que podrán alcanzar la libertad comprándosela a él. Plauto insiste otras veces en la misma idea: «serás libre si te acuestas muchas veces» (*Persa*, 656). La idea de que la prostitución, como en el caso de Fecenia Hispala, podía abrir el camino a una libertad comprada aparece a menudo y no solo en la come-

Fig. 13. Relieve pompeyano en el que se representa una comedia. Museo Nacional de Nápoles.

dia. Una recopilación de poemas obscenos conocida como *Carmina Priapea* menciona a una tal Teletusa, famosa entre las chicas de la Subura (un barrio de mala fama en Roma) porque se había ganado su libertad con el dinero que había logrado reunir con su trabajo.

Otra profesión que también solían ejercer esclavas o libertas era la de actriz. En este caso, sí que conocemos algunos nombres, como Bacchis, quien actuó en los juegos organizados por Junio Bruto, uno de los asesinos de César, en el ominoso año 44 a.C.; o la famosa Volumnia Citéride, liberta de Volumnio Eutrapelo, quien abandonó el escenario para convertirse en amante de Marco Antonio. De alguna nos ha llegado su epitafio, como Eucaris, liberta de 14 años, experta en todas las artes, de quien se afirma con orgullo que fue la primera que se atrevió a figurar en una obra de teatro griega (EDCS 19301259, Roma). En ocasiones, podía ser una profesión lucrativa: Dionisia ganaba doscientos mil sestercios al año según nos cuenta Cicerón (*En defensa de Roscio, actor de comedias*, 23). Las actrices de los mimos y pantomimos (habitualmente, esclavas o libertas) apenas se diferenciaban de las prostitutas en cuanto a la consideración social que merecían. Cicerón considera un «derecho antiguo» la violación de una actriz de mimos, especialmente si es en un pueblo apartado, aunque se trata evidentemente de un argumento de abogado que no sabemos hasta qué punto tomar en serio (*En defensa de Plancio*, 30).

3.
Sexo, matrimonio
y maternidad

El dueño tenía libre acceso sexual a sus esclavos tanto como a sus esclavas. Los intérpretes de sueños consideraban favorable si se soñaba con tener relaciones sexuales con un esclavo propio, varón o mujer, porque esto significaba que las propiedades del soñador crecerían en cantidad y precio (Artemidoro, *La interpretación de los sueños*, 1.78). En cuanto a los libertos, la cosa era algo distinta. Defendiendo a uno al que se le reprochaba ser concubino de su patrono, su abogado alegó que la «impudicia en el nacido libre es un crimen, en el esclavo, una necesidad y en el liberto, una obligación» (Séneca el Viejo, *Controversias*, 4 praef. 10.4). Por el contrario, los juristas entendían que la esclava, una vez manumitida, no tenía obligación de mantener relaciones sexuales con su patrono, ni siquiera aunque fuese prostituta (*Digesto*, 38.1.38pr.). En cuanto a las agresiones sexuales de terceros, se castigaban ciertamente, pero solo por el daño que causaban al dueño. Una ley Aquilia, en puridad, un plebiscito, de fecha incierta, pero probablemente del siglo III a. C., condenaba a quien dañara o causara la muerte de un esclavo o esclava ajenos (salvo si había actuado en defensa propia), o de un cuadrúpedo o una res, a pagar el precio máximo que la víctima, ya fuese hombre o animal, hubiese alcanzado ese año. La misma ley también sancionaba (¿con la misma pena?) la violación de la esclava de otro (*Sentencias de Paulo*, 1.5A.1). La multa la cobraba el dueño, naturalmente, pero debemos resaltar que lo que se castigaba era el daño infligido a sus bienes, no la agresión ni la violación en sí mismas. No se buscaba proteger al esclavo ni a la esclava, sino compensar al propietario por la pérdida económica que había sufrido.

Seguramente Hispala no se casó con Ebucio. Los jóvenes de buena familia mantenían relaciones con libertas, como amantes o concubinas, pero no como madres de sus hijos legítimos, que habrían sido, en ese caso, descendientes de esclavos por línea materna. Los fabuladores que sueñan con una versión suavizada de la esclavitud antigua, historiadores que no se resignan a la imagen sucia de la gloria que fue Roma, esgrimen los matrimonios entre dueños y esclavas manumitidas (fig. 14) como prueba del afecto que a veces nacía en la intimidad del hogar esclavista, llegando incluso a evocar el cuento de Cenicienta y su príncipe azul. No todo fue violación y violencia, quieren creer, hubo también un lugar para la humanidad y los afectos. No tienen en cuenta la distancia social: los matrimonios que conocemos por la epigrafía los forman personas humildes, que son, a veces, sí, libres de nacimiento, pero en otras ocasiones libertos que compran a su antigua pareja aún esclava y la manumiten para casarse con ella. Aunque la mayor parte de los casos conocidos son del Alto Imperio, cuando la epigrafía latina se vuelve mucho más abundante, contamos con algunos propiamente republicanos: Larcia Horea se casó con el hijo de sus patronos, pero resulta que estos últimos eran también, ambos, libertos; en su lápida recuerda orgullosa el momento en que le concedieron la estola, el vestido de las matronas, símbolo aquí de su matrimonio legítimo, momento a partir del cual, siendo aún joven, se ocupó del gobierno de la casa (*CIL* I^2 1570). Los ejemplos de matrimonios verdaderamente desiguales son muy escasos y despertaban críticas más o menos virulentas. Cicerón atacó al caballero *(eques)* Lucio Gelio Poplícola, hermano del cónsul del año 72 a. C., diciendo que se había casado con una liberta para hacerse popular entre la plebe (*En defensa de Sestio*, 110). Esto era algo, insistamos en ello, absolutamente inusual y mal visto, un rechazo social que acabó plasmándose en el ordenamiento jurídico cuando el emperador Augusto, mediante las leyes Julia y Papia Popea, prohibió el matrimonio entre senadores y libertas. Anteriormente, no parece que hubiese una prohibición expresa de ningún tipo, innecesaria por otra parte, dado que uniones tan desiguales sucederían muy raramente. Tampoco parece que abundasen los matrimonios entre libertas y varones de nacimiento libre, aunque de condición más o menos humilde. En esta dirección apunta el caso de la propia Hispala, a quien

Fig. 14. Inscripción de Lucio Antistio Sárculo y su liberta y esposa, Antistia Plutia, procedente de Roma y depositada en el Museo Británico (EDCS-18100886). Fecha: entre 50 y 1 a.C. © Pedro López Barja.

debemos regresar una vez más. Entre las recompensas que mereció su noble acción, se cuenta una solemne declaración del Senado: que el hombre de nacimiento libre *(ingenuus)* que se casase con ella no debía sufrir ningún daño en su reputación por ese motivo, una cautela que tal vez obedeciese no tanto o no solo a su condición de antigua esclava, sino a su oficio de prostituta. Este descrédito fue precisamente el que llevó, a su vez, a Augusto a vetar los matrimonios entre hombres de nacimiento libre y meretrices *(Reglas de Ulpiano,* 13.2), que es exactamente el supuesto que tomaba en consideración el Senado en su declaración pública. En todo caso, los matrimonios mixtos eran poco habituales y las excepciones se daban solo si la distancia social no era demasiado elevada. Por lo general, los libertos se casaban entre ellos.

Los esclavos no podían contraer matrimonio legítimo. Tampoco tenían, jurídicamente hablando, relaciones de parentesco, esto es, ni padres ni hermanos ni siquiera hijos. La ley solo se ocupaba de este tema de modo indirecto, reconociendo un «parentesco servil» que nacía cuando ya los esclavos se habían hecho libres, con el fin de prohibir, llegado el caso, el incesto; ahí sí se prestaba atención a ese pasado de cuando los futuros esposos eran aún esclavos, ahí sí se averiguaba quiénes habían sido sus respectivos padres. Ciertamente, muchas veces, los dueños consentían e incluso propiciaban la vida familiar entre sus esclavos, por razones diversas y algunas bastante sorprendentes para nosotros. Catón el Viejo (cónsul en el 195 a.C.), que era un tanto extravagante en general, determinó que sus esclavos solo podían mantener relaciones con sus esclavas, exclusivamente, y a cambio de un precio, pero el objetivo no era, según nos dicen, la procreación, sino el de limitar los encuentros sexuales porque les volvían indolentes (Plutarco, *Vida de Catón el Viejo*, 17.3). Nada impedía, de todos modos, vender por separado al padre de su hija o a un esposo del otro. El hijo de la esclava también lo es desde que nace, y propiedad del dueño. Los juristas tardorrepublicanos se entretuvieron en debatir sobre el tratamiento que debía dársele al parto de la esclava: ¿podía considerarse, jurídicamente hablando, un «fruto», asimilable, por lo tanto, a los frutos de los árboles o los campos o a las crías de los animales? La cuestión era intrincada y difícil de resolver. Cicerón la menciona como ejemplo de los temas que preocupan a destacados jurisconsultos, interesantes, sin duda, pero mucho menos relevantes para él que la filosofía (*Del supremo bien y del supremo mal*, 1.4.12).

4.
Insumisas y rebeldes

Algunas veces, ya lo hemos visto, los dueños manumitían a alguna de sus esclavas para casarse con ella, pero estos matrimonios forzados no siempre acabaron bien. Podemos tal vez sospechar que la pareja formada por Aurelia Filematio y Lucio Aurelio Hermia no fue tan feliz como su lápida funeraria quiere hacernos creer. En alguna rara ocasión tenemos además la prueba escrita. Una inscripción de Roma recoge, en el anverso, el dolor de los padres ante la muerte de su pequeña hija de ocho años. Sin embargo, en el reverso la historia que se relata es muy distinta: «Estos estigmas eternos marcados están en la liberta Acte, envenenadora, y pérfida, tramposa de duras entrañas: clavos y una red de esparto ciñan su cuello y pez candente queme su pecho malvado. Fue manumitida gratis, engañó a su patrono y se llevó con ella, del lecho donde yacía su patrono, a sus criados, una esclava y un esclavo, para que, al anciano, solo, abandonado y expoliado, se le quebrase el alma» (EDR 123124). La inscripción es de época imperial, pero la historia que cuenta tuvo que suceder también antes. Acte fue manumitida por Marco Junio Eufrosino (tal vez él también liberto) y se casó con él. Tuvieron una hija, Junia Prócula, nacida libre, que murió siendo todavía niña, y después Acte abandonó a su anciano esposo. Nos habría gustado conocer su versión de la historia.

La esclavitud es una institución muy compleja, que se asienta, conviene no olvidarlo, sobre la violencia y el castigo más extremos y brutales. No tenemos que pensar que fuese algo excepcional, sino cotidiano, como nos lo indica un curioso texto epigráfico, conocido como «ley libitinaria de Puteoli» (la actual Pozzuoli), seguramente de época augustea, o tal vez algo anterior, aunque la realidad que refleja no corresponde a un momento concreto. El texto recoge las condiciones que debe cumplir la sociedad de pompas fúnebres contratada por la colonia. Por apenas 4 sestercios, cualquier ciudadano de Puteoli podía hacer sufrir a alguna de sus esclavas hasta extremos difíciles de imaginar (texto 3).

La violencia provocaba toda clase de respuestas, desde la sumisión a la huida, pasando por el engaño, el sabotaje, el asesinato del dueño cruel o, en circunstancias muy concretas, la rebelión abierta, brutal y devastadora. En América Latina, en época moderna, cobraron fama algunas comunidades formadas por esclavos fugitivos (cimarrones), que perduraron durante años, pero esta forma de resistencia la conocemos mal para la Antigüedad grecorromana. El caso mejor atestiguado se refiere a la protagonizada por Drímaco en las montañas de la isla griega de Quíos, seguramente en el siglo III a. C., y que nos menciona un autor de finales de siglo II d. C., Ateneo de Naucratis. Drímaco recibía a los huidos y les interrogaba para determinar si podían quedarse, porque solo les permitía hacerlo si el esclavo o la esclava había sido maltratado. Un caso parecido se refiere a la ciudad de Pindeniso, en Cilicia (Asia Menor), que acogía a los esclavos fugitivos (no se especifica que hubiera también esclavas entre ellos, pero cabe suponerlo) hasta que Cicerón, durante su mandato como gobernador de la provincia, tomó cartas en el asunto, la aplastó y, como sabemos, vendió en pública subasta a los habitantes supervivientes por valor de ciento veinte mil sestercios. Seguramente otras ciudades lo hacían también, aunque esto no las convirtiese en auténticas comunidades de cimarrones. Hubo, en cambio, numerosas revueltas de esclavos en Italia durante la República, como en Etruria en 196 a. C. y en Apulia diez años más tarde, conatos rápidamente reprimidos de breve duración, pero solo tres rebeliones que merecieran el nombre de «guerras serviles»: las dos de Sicilia (*c.* 139-132 y 104-101 a. C.) y la de Espartaco en la propia Italia (73-71 a. C.). Ésta última fue la más célebre y la más peligrosa, por su cercanía a Roma, pero la más duradera fue la primera de Sicilia, cuando los rebeldes lograron formar un «reino» y su cabecilla, Euno, pudo acuñar moneda con el nombre de «rey Antíoco».

La participación de mujeres en estos episodios, a decir verdad, aparece poco en las fuentes antiguas y ha sido aún menos estudiada por los historiadores modernos. Las cifras de rebeldes que se nos dan probablemente sean meras conjeturas, pero son tan elevadas que presuponen de modo inevitable la presencia de mujeres entre los esclavos. Se habla de doscientos mil sublevados en la primera guerra de Sicilia y de setenta mil en el ejército de Espartaco, pero solo en algunos casos excepcionales podemos ir más allá de las cifras globales y encontrarnos menciones explícitas de mujeres y niños. Así, durante el sitio de Tauromenio (Taormina, en Sicilia) por los romanos se nos dice que los sitiados estaban reducidos a tal extremo de necesidad que empezaron por comerse a sus propios hijos y luego a sus mujeres. La frase pretende subrayar la brutalidad del asedio y la animalidad de los esclavos, que se nos pone de relieve también por otros incidentes. Obligadas o entusiastas, en la cocina o cuidando a los niños, como exploradoras o como armeras, muchas mujeres tomaron parte activa en la guerra contra Roma y pagaron después por ello. Cuando Espartaco fue finalmente derrotado, el general romano Marco Licinio Craso ordenó crucificar a seis mil esclavos a lo largo del camino que iba de Capua a Roma, lo que supone, aproximadamente, una cruz cada treinta o cuarenta metros. Nadie dice que fueran solo los varones quienes sufrieron una muerte tan atroz.

Aparte de estas conjeturas y reflexiones de carácter más bien intuitivo, nos han llegado menciones concretas de esclavas entre los rebeldes. Así, cuando de forma inesperada, los esclavos lograron un primer triunfo en Enna, en Sicilia, en lo que supuso el inicio de la primera guerra servil, se procedió entonces al castigo de los odiados dueños. Destacaba por su manifiesta crueldad la pareja formada por Damófilo y su mujer Megalis. Fueron capturados en una aldea cercana a Enna, en el centro de la isla (fig. 15), y llevados a la ciudad cargados de cadenas. Allí, en el teatro, fue ejecu-

Fig. 15. Enna, Sicilia, el lugar de inicio de la primera guerra servil. © Pedro López Barja.

tado Demófilo pese a que su habilidad retórica casi logra que le perdonen la vida. El caudillo de los esclavos, Euno, ordenó a continuación que Megalis fuese entregada a sus esclavas, quienes la torturaron y la arrojaron después desde un acantilado. Es tentador mencionar aquí un canon del concilio cristiano de Elvira (la actual Granada) que castiga con una muy leve sanción eclesiástica a la dueña que, por celos, hubiese azotado hasta la muerte a una de sus esclavas: siete años de excomunión si lo hizo voluntariamente y cinco si solo se le fue la mano. El concilio se celebró a principios del siglo IV d.C., de manera que lo separan varios siglos de lo sucedido en Sicilia, pero la total indefensión de las esclavas, expuestas cotidianamente a la brutalidad de sus dueños, hombres y mujeres, forma parte estructural del sistema y no parece que haya sufrido grandes cambios con el correr del tiempo.

Hubo mujeres, repitámoslo, entre los rebeldes. Una de ellas, ciertamente, en posición muy destacada: Euno, una vez coronado rey, con el nombre de Antíoco, designó a su pareja como su reina. Ambos eran de origen sirio, pero no conocemos el nombre de esta reina de esclavos ni tampoco nada más acerca de ella, salvo su procedencia, aunque cabe pensar que no había nacido en esclavitud, sino que había sido capturada por soldados durante alguna campaña militar o bien por bandidos o piratas. En el caso de Espartaco no sabemos de ninguna mujer que ocupase un lugar de mando entre los rebeldes.

TEXTO 4. MUJERES ENTRE LOS REBELDES
DE ESPARTACO
(Plutarco, *Vida de Craso*, 8.4 BCG)

«Según se cuenta, cuando fue llevado a Roma por primera vez para ser vendido, se vio a una serpiente enroscarse alrededor de su cara mientras dormía. Una mujer que era de la misma tribu que Espartaco, adivina y poseída por la locura dionisíaca, le anunció que en torno a él surgiría un poder tan grande como temible que tendría un fin venturoso. Esta mujer vivía con él en aquel momento y lo acompañaba en su huida».

El autor griego Plutarco (*Vida de Craso*, 11.4) nos dice que dos mujeres que estaban haciendo sacrificios descubrieron a unos soldados romanos preparándose para una emboscada y alertaron a los suyos, es decir, a los de Espartaco, quienes pudieron, gracias a ellas, repeler la amenaza. El historiador Salustio (*Historias*, 4.40M), refiriéndose al mismo episodio, es más preciso: nos dice que las mujeres eran galas y que se habían apartado del resto, refugiándose en las montañas durante la menstruación, una costumbre que tenemos atestiguada para ciertas culturas.

Como vemos, las menciones concretas que nos han llegado de esclavas entre los rebeldes son casi siempre incidentales, debido a circunstancias más o menos casuales, pero no hay nunca un comentario o un juicio sobre su presencia o sobre su papel en el conflicto. Algunas, aunque no tengan nombre, adquieren un mayor protagonismo, como la esposa de Euno. En otros casos, su aparición obedece a los intereses del autor que nos cuenta la historia. Así, Plutarco describe a Espartaco con tintes legendarios, más griego que bárbaro, pese a su origen tracio, y quiere reforzar esta caracterización describiendo ese augurio terrible a cargo de una mujer que, como Fecenia Hispala, se había iniciado en los misterios de Dionisio, es decir, las peligrosas bacanales, y lo acompañaba en la guerra contra Roma (texto 4).

5.
Manumisión

Desde los tiempos más primitivos, los romanos podían conceder a sus esclavos la libertad y, con ella, la ciudadanía. Las libertas no podían votar, al contrario que sus homólogos masculinos, pero, cuando menos, el ser ciudadana traía consigo una respetabilidad, la obtención de un estatus y la pertenencia a una ciudad, Roma, que estaba en trance de convertirse en señora del mundo. El dueño disponía de tres formas distintas de proceder a la manumisión: ordenando la inscripción de su esclava en el censo (pero esto solo mientras se confeccionaba este, una vez cada cinco años); presentándose ante el magistrado competente (cónsules o pretores); o bien nombrando en su testamento a quienes habrían de ser liberados tras su muerte. Esta última forma, en particular, permitía manumisiones generales e indiscriminadas, que no costaban nada al dueño, aunque sí a sus herederos, quienes podían verse gravemente perjudicados por la generosidad del testador. Un tal Filargiro, perfumista de Venusia (Venosa), manumitió, seguramente en su testamento, a todos sus esclavos, pero él mismo era liberto (*CIL* I^2, 1703). No hay, con todo, ninguna razón para pensar que, en esto de conceder la libertad, los antiguos esclavos fueran más generosos que los nacidos ya libres. Llama la atención que dejase constancia escrita de ello en su lápida funeraria, como algo de lo que cabía sentirse orgulloso.

Una de las grandes paradojas de la esclavitud romana es la relativa frecuencia con la que se manumitía a los esclavos en general y a las esclavas en particular. La mejor información que tenemos al respecto procede de las paredes del templo de Apolo en Delfos durante los siglos II y I a. C. Allí se registraban las ventas a Apolo de ciertos «cuerpos», es decir, esclavos, una venta ficticia que era la manera por la que se les otorgaba la libertad: consta su nombre, el precio pagado y las obligaciones que asumieron en adelante, que pasaban a menudo por permanecer al lado de sus antiguos dueños durante un tiempo más o menos largo. Estos documentos arrojan unas cifras muy reveladoras: de los 1213 casos, un 30% son varones adultos, un 52% mujeres y un 18% niños. ¿Podemos pensar que, en Italia, las cifras eran similares? Las inscripciones funerarias (mayoritariamente de época altoimperial) apuntan en la misma línea (tabla 1) y sabemos que, en otras sociedades esclavistas, como en la América de época moderna, también conseguían las esclavas la libertad con más frecuencia que los varones. Todo indica que, en términos generales, la misma desigualdad se producía también en Roma, aunque no podamos determinar cifras concretas. Es esta una conclusión que algunos historiadores han puesto en duda, por las implicaciones que habría tenido, dificultando o haciendo imposible mantener estable la cantidad total de esclavos. La esclava, se afirma, debería tener varios hijos antes de ser liberada, lo cual haría que disminuyesen mucho sus probabilidades de conseguirlo, dado que debería vivir más tiempo y sobrevivir a un cierto número de partos. Una manumisión más tardía supone una menor frecuencia. Sin embargo, esta objeción solo sería válida si las tasas de manumisión fuesen tan altas que comprometiesen la estabilidad demográfica del grupo de los esclavos, pero no fue así. Por mucha que fuese la generosidad romana, solo unos pocos esclavos alcanzaron la libertad, y, a menudo, dejando tras de sí a sus hijos o bien pagando el correspondiente importe que permitiese al dueño adquirir un reemplazo o ambas cosas.

Lo cierto es que los romanos consideraban a las esclavas no solo como proveedoras de nuevos esclavos, sino también como paridoras de nuevos ciudadanos, si sus hijos nacían tras la libertad de la madre. En *Persa,* una comedia de Plauto, cuando el vendedor Dárdalo manumite a su esclava, proclama enfáticamente: «¿acaso no soy un ciudadano probo y ejemplar, siendo así que hoy he agrandado la ciudadanía ateniense incrementándola con una ciudadana?» (vv. 474-475). ¿Encontramos aquí una idea griega o más bien propiamente romana? Lo cierto es que la preocupación por la oligantropía aparece de modo recurrente en los autores antiguos, incluidos los griegos, quienes elogiaron en distintos momentos la costumbre romana de conceder la ciudadanía a sus esclavos (y a sus esclavas), porque de ese modo la ciudad crecía y se volvía más poderosa y temible. La ley Elia Sencia (4 d. C.) recompensaba con la ciudadanía romana a aquellas libertas latinas (y a sus maridos si eran de su misma condición jurídica) que tuviesen un hijo de un año, nacido de un matrimonio contraído ante siete testigos ciudadanos romanos púberes. En realidad, no hacía falta ninguna solemnidad especial para que un matrimonio fuese considerado legítimo, pues la legitimidad de la unión dependía exclusivamente de la condición jurídica de los cónyuges (dejando a salvo el grado de parentesco), no del ritual empleado, pero en este caso sí se prescribía una cierta publicidad. Cabe pensar que los testigos actuaban como una representación de la comunidad de ciudadanos que se disponía a acoger, al cabo de poco tiempo, a estos nuevos miembros. Una vez más, de los libertos se espera esa hiperromanidad que mostraba Cecilia Crite.

Área	Manumitidos antes de los 10 años de edad	Manumitidos antes de los 20 años de edad	Manumitidos antes de los 30 años de edad h(ombres) y m(ujeres)	De un total de:
Roma	107 = 14,8 %	275 = 38,1%	487 = 67,4 % (198 h.+ 289m.)	722 libertos
Sur de Italia	13 = 8,9%	47 = 32,2 %	92 = 63 % 39 h. + 51 m.	146 libertos
Italia central	24 = 22,2 %	45 = 41,7 %	66 = 61,1 % 35 h. + 31m.	108 libertos
Norte de Italia	1 = 3,3 %	11 = 36,7 %	25 = 83,3 % 9 h. + 16 m.	30 libertos
Hispania	5 = 4,2	22 = 18,3 %	51 = 43,5 % 15 h. + 36 m.	120 libertos
Provincias danubianas	2 = 2,7 %	9 = 12 %	29 = 38,7 % 9 h. + 20 m.	75 libertos
Total por sexos			750 305 h. + 443 m.	1201 libertos

Tabla 1. Fuente: G. Alföldy, *Die römische Gesellschaft. Ausgewählte Beitrage*, Stuttgart, 1986, pp. 350 y 351.

La frecuencia con que se manumitía a las esclavas en particular plantea un problema serio si aceptamos, como debemos hacerlo, que la mayor parte de las veces no se les otorgaba la libertad gratis, sino a cambio de un precio. Aunque el afecto o el deseo de recompensar años de fidelidad y servicios prestados pudieron pesar en el ánimo del dueño, la libertad se obtenía tras muchas privaciones y un prolongado ahorro, mediante la acumulación de un pobre peculio hasta reunir el dinero necesario, pero ¿cómo pudieron lograrlo las mujeres si precisamente sus empleos eran los menos lucrativos? Ciertamente, las prostitutas o las actrices pudieron ganar suficiente en un tiempo más o menos corto, y otras, como las peluqueras, mantenían además una relación íntima con su dueña que podría ablandarle el ánimo e inclinarla a la generosidad. Sin embargo, muchas esclavas ocupaban, como hemos visto, el escalón más bajo en la jerarquía doméstica y tendrían, por lo tanto, menores oportunidades de mejorar su peculio, ese dinero que el dueño le permitía tener al esclavo, aunque en estricto derecho no fuera suyo. Esta paradoja, en la que los varones, pese a tener ocupaciones más rentables y mejores oportunidades para hacerse con algo de dinero, fueron liberados más raramente que las esclavas, encuentra su explicación en el menor precio de estas últimas. A las esclavas les resultaba más fácil pagar el precio de la manumisión, sobre todo si habían podido criar a uno o dos niños esclavos que siguieran sirviendo al amo, o que este podría vender si lo deseaba.

La libertad otorgada hacía nacer una serie de obligaciones en el esclavo o la esclava afortunada, algunas de ellas refrendadas por la ley, pero otras de un carácter más bien moral, al menos hasta que la figura del «liberto ingrato» fue recogida por la ley Elia Sencia en el año 4 d. C., como alguien que merecía un cierto reproche jurídico que no sabemos bien en qué consistía. Hasta entonces, parece que estos casos de ingratitud quedaban en el ámbito de lo privado, sin intervención de los magistrados. Con todo, en momentos excepcionales, las historias de ingratitud despertaban una profunda indignación, especialmente grave por las circunstancias en las que se desarrollaban. En el año 43 a. C., durante la guerra civil que estalló tras el asesinato de Julio César, los triunviros, es decir, Marco Antonio, Lépido y Cayo Octavio, el futuro Augusto, pusieron precio a las cabezas de sus enemigos. Numerosas bandas de cazarrecompensas recorrieron Italia persiguiendo a los proscritos, quienes buscaron refugio y protección en sus cónyuges, hijos, parientes, amigos o libertos. Ayudar a un proscrito estaba severamente castigado, de modo que las historias heroicas, algunas de ellas sorprendentes, se multiplicaron, pero también proliferaron los relatos de dolorosas traiciones, protagonizadas por hijos o esposas que en el momento decisivo se acobardaron o, por el contrario, vieron la oportunidad de ganarse una buena recompensa. Los libertos, se suponía, debían a sus antiguos amos lealtad incondicional, pero algunas veces los proscritos se toparon con sorpresas desagradables. Un tal Fulvio fue a esconderse a casa de su liberta, a la que había tenido como amante por un tiempo y a la que le había regalado una dote para que pudiera casarse. Pero ella lo traicionó. El historiador griego Apiano (*Guerras civiles,* 4.24) dice que fue por celos de la mujer de Fulvio, pero podemos pensar que lo hizo por dinero o por temor o por cualquier otro motivo.

6.
De la República al Imperio

¿Cambió algo la situación de las esclavas en época imperial? ¿Mejoraron sus condiciones de vida? Ciertas medidas de algunos emperadores pudieran hacer pensar que sí, aunque es discutible que tuvieran un amplio impacto en la vida cotidiana. El emperador Antonino Pío, por ejemplo, sancionó con una multa al dueño que asesinase a alguno de sus esclavos sin motivo alguno. La multa equivalía el precio del esclavo, lo que significa que resultaba más barato, de media, matar esclavas, pues su precio de mercado era menor, sobre todo a medida que se acercaban al final de su vida fértil. Otro emperador, Adriano, expulsó de Roma durante cinco años a una mujer de buena familia por tratar a sus esclavas del modo más cruel. Megalis, la esposa de Damófilo, sádica y brutal, había recibido un castigo mucho peor cuando los esclavos se apoderaron de Enna en Sicilia. También, a partir de Vespasiano, se estableció una tímida protección para evitar, en ciertos casos muy determinados, que el dueño obligase a su esclava a dedicarse a la prostitución. Con estas y otras disposiciones semejantes, el emperador mostraba su poder absoluto, que le permitía entrometerse incluso en el ámbito doméstico, para regular las relaciones entre amos y esclavos, poniendo límites a la crueldad. La aristocracia guerrera de la República había dado paso a otra de diferente tipo, menos orgullosa y obligada a acatar las órdenes imperiales. Con esta transformación, con las esclavas atrapadas en las redes de poder de las grandes casas, cabe pensar que la situación de algunas de ellas pudo mejorar en algunos casos, si bien no sustancialmente.

Los cambios no afectaron a la consideración de los esclavos como personas sin identidad propia, ni siquiera sexual, porque esto era algo profundamente arraigado en la cultura e inclu-

> ### TEXTO 5. LAS FIESTAS COMPITALES
> #### (Festo p. 273L)
>
> «Durante la fiesta de los *Compitalia* se colgaban en las encrucijadas bolas y muñecos de lana, masculinos y femeninos, porque ese día estaba dedicado a los dioses del inframundo a los que llaman Lares. Se ponían tantas bolas cuantos esclavos había y tantos muñecos cuantos libres, para que [los Lares] respetasen a los vivos y se contentasen con estas bolas y efigies».

so reforzado por ciertas costumbres muy antiguas. El mismo diccionario del siglo II d. C. que nos conserva la mención de la columna lactaria, nos ha preservado el recuerdo de una antigua costumbre (texto 5).

Estas fiestas de las encrucijadas o de los Compitalia se celebraban a finales de diciembre o primeros de enero, pues no tenían un día fijo y eran, al menos en la República Tardía, muy populares. La deshumanización aquí entra literalmente por los ojos: los esclavos se representan mediante bolas, idénticas unas a otras y sin rasgos distintivos; carecen de forma humana, ni tampoco se distingue en ellas entre hombres y mujeres.

¿Había tales diferencias? No para Horacio (65-8 a. C.), el poeta, quien decía preferir un sexo fácil y a la mano, sin tener que salir fuera de casa a buscarlo.

> «Cuando se te hinchan las ingles, y si tienes a mano una sierva o un joven esclavo nacido en la casa, con los que puedas pasar de inmediato al ataque, ¿preferirás reventar del aprieto? Yo no, porque la Venus accesible y fácil es la que me gusta.»
>
> (*Sátiras*, 1.2.116-119, trad. de J. L. Moralejo)

A Horacio le daba igual para su desahogo si era uno de sus esclavos criados en la casa (los llamados *vernae*) o una esclava cualquiera elegida casi al azar. Hemos visto que, aun en posiciones más humildes, las esclavas desempeñaban todo tipo de trabajos, desde las labores del campo hasta las domésticas; sabemos también que se sumaron a los sangrientos estallidos de violencia en Sicilia, en Italia y en otros muchos lugares menos conocidos, en defensa de su libertad. Sin embargo, la diferencia existía. Las esclavas proporcionaban nuevos esclavos, tenían por regla general un menor precio y podían alcanzar con alguna mayor frecuencia la ansiada libertad y, con ella, la preciada ciudadanía romana. Con esta transformación, un nuevo nacimiento para algunas, iban unidos valores tradicionales que les asignaban una posición en el hogar, el de la matrona casta y leal como Filematio, con obligaciones también respecto de su ciudad, esas mismas obligaciones que movieron a Fecenia Hispala a atreverse a hablar en presencia del cónsul de Roma para denunciar los horrendos ritos de las Bacanales. Las pavorosas bolas de lana de las Compitales se habían convertido, por la magia de la manumisión, en orgullosas romanas, fieras defensoras de los valores tradicionales.

Fuentes y bibliografía

Las fuentes literarias que tenemos sobre esclavas y libertas en la República son escasas, tardías y fragmentarias, a lo que debemos añadir, por supuesto, que no las escribieron las protagonistas. Esencialmente, se refieren a pasajes más o menos aislados en los principales autores que nos informan sobre época republicana, es decir, Tito Livio (*Historia de Roma desde su fundación*) y Dionisio de Halicarnaso (*Historia arcaica de Roma*), ambos en época de Augusto. Al siglo II d. C. pertenece Plutarco, cuyas *Vidas paralelas* contienen una gran cantidad de información útil. Los escritores de la tardía República como Cicerón (106-43 a. C.) o Salustio (86-34 a. C.) apenas prestaron atención a este tema, al menos en lo que se nos ha conservado. La excepción, de algún modo, es Diodoro Sículo (*c.* 90-30 a. C.) cuya *Biblioteca Histórica*, incluyó un relato pormenorizado de las guerras serviles de Sicilia en sus libros 34-36, que por desgracia han llegado a nosotros muy fragmentados. Por supuesto, como hemos visto, en las obras de Plauto (254-184 a. C.) aparecen con cierta frecuencia esclavas que ejercen la prostitución.

Particularmente importante es la literatura especializada: por una parte, los tratados sobre agricultura que escribieron Catón el Viejo (234-149 a. C.), Terencio Varrón (116-27 a. C.) y Columela (4 a. C. – 70 d. C.) se detienen en la mano de obra (esclavos) para los trabajos agrícolas; por otra, los tratados de ginecología de Sorano de Éfeso (98-138 d. C.) dedican cierta atención a los problemas de la lactancia.

Diferente es la cuestión de la epigrafía, pues ahí sí tenemos textos contemporáneos, aunque suelen ser lápidas funerarias extremadamente breves y estereotipadas. La principal compilación de inscripciones latinas es el *CIL*, es decir, *Corpus Inscriptionum Latinarum*, que se viene editando desde el siglo XIX, pero desde hace algunos años han cobrado mucha fuerza las bases de datos en línea, como EDCS Epigraphische Datenbank Clauss-Slaby - Home

(<edcs.eu>) o (solo para Italia) EDR EDR - Epigraphic Database Roma (edr-edr.it).

Sobre la esclavitud republicana (no específicamente femenina) contamos con tres estudios fundamentales: Jean-Christian Dumont, *Servus. Rome et l'ésclavage sous la République,* Roma, 1987; Georges Fabre, *Libertus. Recherches sur les rapports patron-affranchi à la fin de la République romaine,* Roma, 1981; y Susan Treggiari, *Freedmen in the Late Republic,* Oxford, 1969. Los estudios más recientes han puesto mayor atención en la experiencia de las mujeres: Carla Rubiera, *La esclavitud femenina en la Roma antigua,* Oviedo, 2014. Sobre las Bacanales, tenemos el detallado estudio de Pedro Ángel Fernández Vega, *Bacanales. El mito, el sexo y la caza de brujas,* Madrid, 2018. Sobre la presencia de mujeres entre los esclavos agrícolas llamó la atención Ulrike Roth, *Thinking Tools: Agricultural Slavery between Evidence and Models,* Londres, 2007. Las cifras de esclavos y su crecimiento durante la República están tomadas de Walter Scheidel, «Human Mobility in Roman Italy, II: The Slave Population», *Journal of Roman Studies* 95 (2005) 64-79. Sobre el abandono de recién nacidos, el artículo que abrió el debate, al considerarlo una fuente importante de nuevos esclavos, fue el de William V. Harris, «Child Exposure in the Roman Empire», *Journal of Roman Studies* 84 (1994) 1-22. Sobre prostitución: Thomas A. J. McGinn, *The Economy of Prostitution in the Roman World: A Study of Social History and the Brothel,* Universidad de Michigan, 2004. Sobre la esclavitud en Plauto: Roberta Stewart, *Plautus and Roman Slavery,* Oxford, 2012. Los estudios sobre nodrizas son relativamente abundantes. Una útil visión de conjunto puede leerse en Silvia Medina Quintana, «Oficios maternales: la imagen de las nodrizas en la literatura latina», *Dialogues d'histoire ancienne,* Supplement 19 (2019), pp. 193-203. Específicamente, sobre los contratos que conocemos de Egipto, Stamatis Bussès, «Breastfeeding contracts in Graeco-Roman Egypt. Quantity and quality control of human milk», en Ilias Anagnostakis y Antonella Pellettieri (eds.), *Latte e Latticini. Aspetti della produzione e del consumo nelle società mediterranee dell'Antichità e del Medioevo,* Lagonegro, 2016, 73-92. También merece leerse Rosa María Cid López, «La Columna Lactaria, las nutrices y la *expositio* infantil. Lactantes y *pietas* en la ciudad de

Roma», *Dialogues d'Histoire Ancienne* 45 (2019), 149-169. Sobre las rebeliones serviles en Sicilia, Peter Morton, *Slavery and Rebellion in Second-Century BC Sicily. From Bellum Servile to Sicilia Capta,* Edimburgo, 2023. Sobre las manumisiones de Delfos, puede verse Keith Hopkins, *Conquistadores y esclavos,* Barcelona, 1981 y sobre manumisión en general, Pedro López Barja, *Historia de la manumisión en Roma,* Madrid, 2008 (Anejos de Gerión).

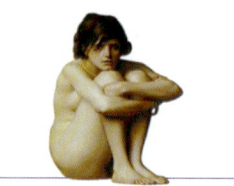

El autor ha tenido la fortuna de contar con un grupo de excelentes lectoras de este texto, cuyos consejos agradece nombrándolas aquí: Francisca Martínez, Beatriz Dorao, Irune Valderrábano, Estela García y Olalla López.